Crías de animales

Andrea Pinnington
Tory Gordon-Harris

Explora un poco más

Crías de animales está diseñado para ayudarte a conocer más sobre cómo nacen y crecen los animales.

Cada tema importante se presenta en letras grandes y con fotos.

Se muestra lo que ocurre en detalle con secuencias de fotos.

El texto en letra pequeña explica las fotos para que entiendas mejor lo que ves.

¡A comer!

La mayoría de las crías debe buscar su comida. Otros animales alimentan a sus bebés.

En el glosario se explican las palabras; el índice nos muestra dónde aparecen.

Libro digital complementario

Descarga gratis el libro digital **Traviesas crías de animales** en el sitio de Internet en inglés:

www.scholastic.com/ discovermore

Escribe este código
RMP4WMFN4T42

Divertidas actividades   Más palabras sobre crías

Contenido

Literacy Consultant: Barbara Russ, 21st Century Community Learning Center Director for Winooski (Vermont) School District

Natural History Consultant: Kim Dennis-Bryan

Originally published in English as *Scholastic Discover More™: Animal Babies*

Copyright © 2012 by Scholastic Inc.

Translation copyright © 2012 by Scholastic Inc.

Library of Congress Cataloging-in-Publication Data Available

ISBN 978-0-545-45883-2

10 9 8 7 6 5 4 3 2 1   12 13 14 15 16

Printed in Singapore 46

First Spanish edition, September 2012

Scholastic hace esfuerzos constantes por reducir el impacto ecológico de nuestros procesos de manufactura. Para ver nuestras normas para la obtención de papel, visite www.scholastic.com/paperpolicy.

¿Quiénes tienen

Todos los animales tienen crías. Luego las crías crecen y se convierten en adultos.

Sobre los animales

Todos los animales pueden tener crías.

Todos los animales comen y respiran.

Todos los animales se mueven y pueden ver o sentir el mundo que los rodea.

Todos los animales crecen.

orangután, un tipo de mono

crías?

El ciclo de vida

Este bebé de mono acaba de nacer.

Crece y llega a ser un adulto.

Los animales tienen crías. Las crías crecen. Luego ellas también tienen bebés.

El adulto envejece. Los monos pueden vivir hasta 50 años.

Encuentra a su pareja. Forman su propia familia.

Empollar

Muchos animales ponen huevos. Las crías crecen dentro de los huevos.

El avestruz pone sus huevos en el suelo.

¡Crac!

Un polluelo de avestruz rompe el cascarón.

Al polluelo le toma mucho tiempo salir del huevo.

Dentro del huevo

La cría crece lentamente dentro del huevo. Se alimenta de la yema. Cuando está lista, rompe el cascarón.

cascarón

yema

cría de avestruz

Las plumas comienzan a secarse y se ponen sedosas.

Poco a poco, el polluelo se para. Está listo para seguir a sus padres.

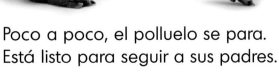

¿Cuántos?

En general, los animales que ponen huevos tienen más crías que los animales que paren a sus crías.

madre

ballenato

1 La ballena tiene un ballenato en cada parto.

2 La oveja usualmente pare uno o dos corderos.

corderos gemelos

5 La pata pone unos cinco huevos. De ahí nacen los patitos.

los patitos

10 Los guecos ponen unos diez huevos, que tardan de seis a ocho semanas en nacer.

crías de gueco

1000 El salmón pone muchos huevos. Algunos de ellos llegan a nacer.

alevín de salmón

huevos de salmón

El crecimiento

Algunas crías de animales no se parecen a sus padres. Al crecer, cambian mucho.

pitón arborícola
verde

Al polluelo se le cae el plumón y le salen plumas.

A la cigarra se le cae la piel cuando se hace adulta.

Al mes de nacido, el panda es negro y blanco como su mamá.

De pequeñas, las pitones arborícolas verdes pueden ser rojas o amarillas.

Los cambios

Algunos animales cambian completamente al crecer. Eso se llama metamorfosis.

mariposa monarca

La monarca busca un lugar donde poner sus huevos.

De huevo a adulto

La mariposa pone sus huevos.

huevo

De cada huevo sale una oruga.

adulta

Este es el ciclo de vida de una mariposa.

oruga

La mariposa adulta sale de la pupa.

pupa

Cada oruga construye una cubierta llamada pupa. Dentro se forma la mariposa adulta.

Esta es mi casa

Algunos animales construyen casas para sus crías. La casa puede ser un nido o una madriguera.

cría

Los castores construyen represas en los ríos con troncos de árboles.

Esta cría de marsupial vive en una bolsa (o marsupio) que su madre tiene en la panza.

Las aves construyen casas llamadas nidos. Cuidan a sus crías en los nidos.

Los topos viven bajo tierra.

↑

cría de topo

Los topos viven en madrigueras. Bajo el suelo, sus familias están protegidas del frío y de los depredadores.

mején

Algunos animales viven en casas grandes. Este termitero fue construido por comejenes.

15

¡A comer!

La mayoría de las crías debe buscar su comida. Otros animales alimentan a sus bebés.

Gaviota de Galápagos adulta

La gaviota busca comida, se la traga y después la regurgita para alimentar a su polluelo.

polluelo hambriento

Las crías de rana buscan su propia comida. Esta usa su larga lengua.

Los cachorros toman leche de su madre. Pronto comerán comida sólida.

Las orugas comen sin parar. Esto las ayuda a crecer rápidamente.

17

De paseo

Los animales tienen diferentes maneras de llevar a sus crías de un lugar a otro.

¡Escorpiones sobre el lomo!

crías de zarigüeya

Las crías de zarigüeya usualmente salen con la madre a buscar comida.

La hembra de puma lleva al cachorro en la boca sin lastimarlo.

Caballito de mar macho: lleva los huevos en una bolsa hasta que nacen.

Minutos después de nacer, ya el potrillo de cebra camina.

Lecciones

Las crías deben adquirir las destrezas necesarias para vivir como adultos.

cachorro de lobo

Pelear con sus hermanos y hermanas ayuda a los cachorros de lobo a prepararse para la vida adulta.

La loba enseña a su cachorro a cazar, aullar, luchar y estar limpio.

madre protectora

cachorro saludable

El cachorro de lobo tarda entre dos y tres años para llegar a ser adulto.

La madre lame a la cría al nacer. El cachorro aprenderá a limpiarse él mismo al poco tiempo.

La loba enseña a sus cachorros a aullar. Los lobos también aprenden a ladrar y gimotear.

El cachorro corre con su madre, que le enseña a cazar en su hábitat natural.

Las niñeras

Al igual que los seres humanos, algunos animales ayudan a otros a cuidar a sus bebés.

grupo de delfines

En un grupo de delfines, un macho o una hembra actúa como "tío" o "tía" de cada cría.

Estos animales usan niñeras.

Los machos de avestruz a veces cuidan los huevos de hasta cinco hembras.

Las suricatas se turnan para cuidar a sus pequeños.

Las crías de cocodrilo viven juntas en guarderías de cocodrilos.

A los pequeños elefantes los cuida toda la manada.

crías

Los murciélagos bebés se acurrucan todos juntos en las guarderías.

Viajes

Algunas crías de animales deben viajar a lugares muy alejados de donde nacieron.

Las focas tienen a sus crías en tierra. Las crías deberán viajar hasta el mar.

La cría de tortuga se arrastra hasta el agua tras nacer en la arena.

Algunos salmones nacen en los ríos y van nadando hasta el mar.

La cría de ñu sigue a su madre por muchas millas en busca de hierba.

crías de foca dormidas

Sobrevivir

Los padres deben cuidar mucho a sus crías en lugares peligrosos.

Osos polares

Los osos polares viven en zonas heladas. La madre hace una madriguera de nieve para proteger a los oseznos del frío.

Monos araña

El mono araña vive en los árboles. La madre lleva a su cría en la espalda por dos años, hasta que esta aprende a trepar.

El osezno polar se acurruca junto a su madre para protegerse del frío.

Ganga

En el desierto es difícil hallar agua. La ganga lleva agua a sus polluelos en las plumas del pecho.

polluelo

Cabras blancas

La madre se mantiene por debajo de su cría en la montaña para evitar que la cría caiga por un precipicio.

Nombres de crías

A la cría del venado se le llama cervato. Las crías de ciertos animales tienen diferentes nombres.

venado

cervato

¿Conoces otros nombres de bebés de animales?

28

¿Cómo se llaman estas crías?

león   cachorro

paloma

pichón

cría

tortuga

erizo

cría

cisne

polluelos

canguro

cría

pez

conejo

gazapo

ballena

alevín

ballenato

29

Glosario

Alevín
Término que se usa para nombrar a las crías de peces recién nacidas.

Cachorro
Cría de algunos animales como el perro, el lobo, el tigre, el león y el oso.

Ciclo de vida
Fases por las que pasa un animal durante su vida.

Desierto
Lugar muy seco.

Empollar
Calentar los huevos y cuidarlos hasta que nazcan los polluelos.

Guardería
Lugar donde se reúne un grupo de crías de animales para calentarse o protegerse del peligro.

Huevo
Objeto redondo u ovalado que ponen las hembras de animales como las aves, los insectos y los peces. La cría crece dentro del huevo antes de nacer.

Madriguera
Casa bajo tierra que construyen algunos animales como los conejos y los topos.

Marsupial
Tipo de animal, como los canguros y los koalas, que lleva a sus crías en una bolsa o marsupio que tiene en la panza.

Marsupio
Bolsa que tienen algunos animales en la panza, y donde llevan a sus crías.

Metamorfosis
Grandes cambios que experimentan algunos animales desde que nacen hasta que se hacen adultos.

Nido
Refugio pequeño que hace un ave u otro animal.

Oruga
Una de las fases en el ciclo de vida de la mariposa.

Pupa
Envoltura de donde emerge la mariposa.

Ternero
Cría de la vaca.

Índice

Agradecimientos

Directora de arte: Bryn Walls
Diseñadora: Ali Scrivens
Editora general: Miranda Smith
Editora en EE.UU.: Beth Sutinis
Editores en español: María Domínguez, J.P. Lombana
Diseñadora de la cubierta: Natalie Godwin
DTP: John Goldsmid
Editora de contenido visual: Diane Allford-Trotman
Director ejecutivo de fotografía, Scholastic: Steve Diamond

Créditos fotográficos
1: Jenny E. Ross/Corbis; 3cl, 3r: iStockphoto; 4 (fondo), 4tl (pelicano), 4tc (vaca), 4bc (ojo), 4bl (caracoles): iStockphoto; 4c (cría de mono): Life on White/Alamy; 5t (mona con su cría): Corbis Premium RF/Alamy; 5cl (mono mayor): Boris Diakovsky/Alamy; 5cr (mono): Tim Jenner/Shutterstock; 5b (pareja de monos): Frans Lanting/Corbis; 6cl (huevo grande en la mano): iStockphoto; 6c (nido): Karl Ammann/Getty Images; 6–7b (secuencia de la salida del cascarón): Jane Burton/NPL; 7c (sección transversal): David Anthony/Alamy; 8 (ballena y ballenato): Peter Chadwick/Getty Images; 9tl (oveja y corderos): Eric Isselée/Shutterstock; 9tr (patitos): iStockphoto; 9c (guecos): Pan Xunbin/Shutterstock; 9b (huevos): Frans Lanting/Corbis; 9br (alevín): Photoshot Holdings Ltd/Alamy; 10–11 (fondo): Szefei/Shutterstock; 10 (pitón): Martin Harvey/Alamy; 10 (rama): Gillmar/Shutterstock; 11tl (gallina y polluelo): Eric Isselée/Shutterstock; 11tc (cigarra): IrinaK/Shutterstock; 11tr (cría de panda): Reuters/Corbis; 11tr (panda adulto): Eric Isselée/Shutterstock; 11c (pitón roja): Brad Thompson/Shutterstock; 11cr (pitón amarilla): David Northcott/Corbis; 12c (mariposa en la flor): Amana Images Inc/Alamy; 12b (mariposa en la hoja): Nikola Bilic/Alamy; 13tr (mariposa en la mano): Brberrys/Shutterstock; 13tc (huevo en la hoja): iStockphoto; 13cl (mariposa en vuelo): Ambient Ideas/Shutterstock; 13cr (oruga): Captainflash/iStockphoto; 13b (pupa): bhathaway/Shutterstock; 14–15 (topo en su madriguera): Tony Evans/Timelaps/Getty Images; 14bl (represa de castores): Tom Uhlman/Alamy; 14bcl (cría):

Hugh Lansdown/Shutterstock; 14br (polluelos en el nido): Wolfgang Zintl/Shutterstock; 15t (cría de topo): iStockphoto; 15bl (termitero): EcoPrint/Shutterstock; 15bfl (comején): Pan Xunbin/Shutterstock; 16–17 (gaviota y polluelo): Corbis RF/Alamy; 17t (rana): Buddy Mays/Corbis; 17c (cachorros): Ocean/Corbis; 17b (oruga): Petrov Anton/Shutterstock; 18–19 (zarigüeya y crías): Frank Lukasseck/Getty Images; 19tl (escorpión y crías): Scott Camazine/Alamy; 19tr (puma): Robert Lindholm/Visuals Unlimited/Corbis; 19cr (caballito de mar): Rudie Kuiter/SeaPics; 19br (cebras): Elizevh/Shutterstock; 20 (crías jugando): Arco Images GmbH/Alamy; 20tr (cría recostada): Eric Isselée/Shutterstock; 21tr (loba): John Pitcher/iStockphoto; 21c (cachorro de lobo): Eric Isselée/Shutterstock; 21bl (madre lamiendo a su cría): Blickwinkel/Alamy; 21bc (madre aullando junto a su cría): Robert Pickett/Corbis; 21br (madre y cría corriendo): Tom Brakefield/Corbis; 22–23 (grupo de delfines): Martin Strmiska/Alamy; 23tc (huevos de avestruz): Martin Bech/Shutterstock; 23tr (suricatas): AnetaPics/Shutterstock; 23bl (cocodrilos): Reuters/Corbis; 23bc (elefantes): Four Oaks/Shutterstock; 23br (murciélago): EMprize/Shutterstock; 23br (grupo de murciélagos): Zolran/Shutterstock; 24–25 (crías de foca): Momatiuk-Eastcott/Corbis; 25tl (tortuguita): Benjamin Albiach Galan/Shutterstock; 25tc (salmón): Natalie Fobes/Corbis; 25tr (ñu): iStockphoto; 26l (crías de oso polar): Jenny E. Ross/Corbis; 26r (monos araña): Nick Gordon/NPL; 27t (osa polar con oseznos): Frans Lanting Studio/Alamy; 27l (ganga y polluelo): Peter Johnson/Corbis; 27r (cabra y cría): National Geographic Stock; 28 (venado y cervato): Anan Kaewkhammul/Shutterstock; 29tl (leona y cachorro): Mogens Trolle/Shutterstock; 29cl (paloma): Soleg/Shutterstock; 29tc (pichón): Jovan Svorcan/Shutterstock; 29tr (tortuga y cría): Paleka/Shutterstock; 29cl (erizo y cría): First Light/Alamy; 29c (cisne y polluelo): iStockphoto; 29cr (canguro y cría): Smileus/Shutterstock; 29bl (pez): WILDLIFE GmbH/Alamy; 29bl (alevín): Tsuneo Nakamura/Volvox Inc/Alamy; 29bc (conejo y gazapo): iStockphoto; 29br (ballena y ballenato): Michael Patrick O'Neill/Alamy; 30–31: Tony Evans/Timelaps/Getty Images.

Créditos de cubierta
Portada tl (mantis religiosa): Jeff R. Clow/Getty Images; tr (mono): Eric Isselée/iStockphoto; c (león como imagen de fondo): Richard du Toit/NPL; c (cachorro de león): Eric Isselée/iStockphoto. Contraportada (elefantes): Andy Rouse/NPL.